地上에서 天上으로

金 英 浩

영혼을 위하여

인간의 영혼은 맑고 순수하다. 그 반대라면 지상은 악마가 넘쳐나서 무간지옥일 거라고 생각한다. 세상은 선이 주류지만 악이 돌연변이처럼 등장한다. 거짓과 폭력은 지상을 어지럽힌다. 탐욕도 악의 한 축을 담당한다. 악은 자신도 불행할 뿐만 아니라 타인을 불행하게 만든다. 선이 악을 배격하는 이유다. 선은 천국에 오르고 악은 지옥으로 떨어져야 한다. 다만 악은 잘못을 뉘우치고 깨달은 후 천상에 오를 수 있을 것이다.

지상의 모든 생물은 늙어 죽을 때까지 살 권리가 있다. 그러나 사고와 재난과 전쟁 때문에 단명으로 마치는 참사가 많다. 또 자의가 아닌 타의로 목숨을 잃는 불행도 많다. 그리고 가족과 이웃과 국가를 위하여 목숨을 던지는 희생도 많다. 그들에게 산 자로서 위로의 말을 전하고 싶다. 지상에서 행복한 삶을 포기하고 저 세상으로 떠난 영혼을 위하여 살아남은 자로서 공경의 말을 올리고 싶다. 맑고 순수한 영혼은 지상에서 존경받고 천상에서 평안해야 한다.

인류가 지상에 출현한 이후 지상에서 죄악은 끊이지 않았다. 인류가 염원하는 평화는 전쟁으로 지속되지 못하였다. 약탈과 보복 그리고 영토 확장이라는 미명하에 정복을 당연시하고 영웅이라는 칭호를 붙여주었다. 인간을 죽음으로 이끈다면 영웅이 아니고 악마다. 전장에서 죽어간 불쌍한 영혼을 위하여 명복을 빌고 기도해야 한다. 전쟁을 일으킨 자는 지옥으로 떨어지고 사랑과 평화를 외친 자는 천국으로 오른다. 지상에서 거짓과 폭력과 탐욕이 사라지고, 양심과 사랑이 빛나는 날 천국은 다가올 것이다.

2025. 9. 11

金 英 浩

지상에서 천상으로

차 례

Ⅰ. 지상에도 있다

1. '지옥문'을 보다   13
2. 여름날 냇가에서   14
3. 겨울날 산길에서   16
4. 꽃상여를 바라보며   18
5. 까치와 까마귀   20
6. 삶과 죽음 사이   22
7. 살아 돌아온 사람들   24
8. 저승사자   26
9. 지상에도 있다   28

Ⅱ. 달밤에 묻는다

1. 영혼 33
2. 성수대교 34
3. 비극을 넘어서 36
4. 세월호 38
5. 팽목항의 눈물 40
6. 이태원 42
7. 슬픈 바람이 불어오면 44
8. 무안공항 46
9. 돌아오지 못한 사람들 48
10. 여덟 살 소녀 50
11. 달밤에 묻는다 52
12. 한민족의 함성 54
13. 광복을 위하여 56

14. 한반도는 통곡한다	58
15. 어찌 잊으리오	60
16. 코레아 우라	62
17. 악연은 버리고	64
18. 6.25 전쟁	66
19. 그들은 전범이다	68

III. 지상에서 천상으로

1. 사계   73
2. 거짓말   74
3. 폭력   76
4. 양심   78
5. 사랑   80
6. 북망산에서   82
7. 지옥에 누가 있는가   84
8. 천국에 누가 있는가   86
9. 지상에서 천상으로   88

Ⅰ. 지상에도 있다

1. '지옥문'을 보다

(중년 여인이 거짓의 죄를 짓고
불길이 치솟는 지옥으로 떨어진다
젊은 아들은 지옥을 찾아가
고통스러워하는 어머니를 구한다
어머니는 마침내 천국에 오른다)

예닐곱 살 무렵
별이 빛나는 찬란한 여름밤
시골 장터 가설극장 바닥에 앉아
영화 '지옥문'을 숨죽이며 보다

별이 반짝이는 가을밤
하늘나라로 오르는 꿈을 꾸다
이름 모르는 꽃이 피어오르며
'고향의 봄' 노래가 들리는 듯하다

별이 스러지는 겨울밤
지옥문이 열리는 꿈을 꾸다
뜨거운 불기둥이 솟아오르며
천둥소리가 요란하게 들리는 듯하다

2. 여름날 냇가에서

(아픈 아이가 가쁜 숨을 거둔다
가엾은 어린 영혼은
새가 되어 하늘로 날아오른다
전해 내려오는 이야기를 떠올리며
소년은 울적하다)

초등학교 1학년 여름 방학이다
도시 소녀가 시골에 놀러와
또래 여자 애들과 냇가로 달려간다
처음 마주하는 검푸른 시냇물에서
소녀는 중심을 잃고 미끄러지며
깊은 물속으로 빨려 들어간다

놀란 아이들이 소리쳐
밭에서 일하던 어른들이 달려온다
물속에 한참이나 잠겨서
숨이 멈춘 소녀를 끌어안고
소녀의 이모는 울부짖다 실신한다

실안개가 피어오르는 날

마을 앞 시냇가에서
파랑새 한 마리가 하늘로 날아오른다
전해 내려오는 이야기처럼
세상을 떠난 소녀일 거라며
소년은 새가 날아간 하늘을 바라본다

시냇가엔 초등학교 운동장만큼
길고 너른 자갈밭이 펼쳐 있다
뙤약볕을 머리에 이고
탐석한 돌을 신발주머니에 담아와
장독대 앞쪽에 진열한다

주워온 하얀 돌을 양쪽 손에 쥐고
밤마다 부싯돌처럼 마주친다
맑은 소리와 붉은 불꽃이 튀어나와
영혼의 목소리가 들려오고
영혼의 눈빛이 반짝이는 듯하다

3. 겨울날 산길에서

(갑작스럽게 세상을 떠나면
인간의 영혼은 슬프고 외롭다
고이 잠든 쓸쓸한 무덤가에
슬픈 영혼은 꽃으로 피어난다
동화책에서 읽은 이야기가 생각나
소년의 친구는 우울하다)

눈이 한동안 내리지 않아
겨울산과 들녘은 메마르다
햇빛마저 나른한 겨울날
동네 어른과 아이들은
산골짝을 찾아가 땔감을 구한다

이웃집 아주머니가
목말라서 날고구마를 먹는다
무거운 땔감을 머리에 이고 오다
내리막 산길에서 쓰러진다
소년은 지게를 길바닥에 두고
집으로 달려간다

소식을 전해 듣고
꿈꾸듯이 달려온 십여 리 길
친구는 길바닥에 주저앉는다
엄마를 붙잡고 흔들며
구슬 같은 눈물이 쏟아진다

민둥산 남서쪽 산자락에
공동묘지는 산봉우리처럼 솟아 있다
봄이 한창인 무덤가에
이름 모르는 꽃이 피어 있다
하늘나라에서 내려온
돌아가신 엄마의 영혼일 거라며
우울한 친구는 꽃을 오랫동안 바라본다

4. 꽃상여를 바라보며

(삶은 즐겁고 기쁘며
죽음은 괴롭고 슬프다
누군가 저 세상으로 떠나면
삶은 어둡고 막막하다
울긋불긋한 꽃상여를 바라보며
이상한 공포감에 사로잡힌다)

알 수 없는 지병으로
추운 겨울부터 해빙기 봄까지
마을에선 노인들이 숨을 거둔다
초가집 앞으로 꽃상여가 지나가면
소년은 할머니 소맷자락을 끌어당긴다

육십을 넘긴 할머니도
돌아가시면 어쩌나 초조하다
눈도 감고 말도 못하시는
할머니는 어찌하나
근심과 걱정이 차오른다

불안한 소년은

시냇가 자갈밭을 거닐며
조약돌을 주워 바지 주머니에 넣고
잔설이 녹고 있는 좁은 둑길을 걸어
쓸쓸히 초가집으로 돌아온다

사립문 옆 장독대에는
작은 돌이 장난감 병정처럼
일렬로 줄지어 서 있다
돌은 저마다 작은 미소를 띠며
봄바람을 맞아 춤을 춘다

5. 까치와 까마귀

(옛날부터 전해 내려오는 이야기가
까치는 좋은 소식을 전하는 길조이고
까마귀는 나쁜 소식을 전하는 흉조라며
노인들은 진실처럼 말한다)

잡목이 무성한 동산에서
붉은 해가 횃불처럼 솟아오른다
까치가 감나무 가지에 앉아
소식을 전한다며 노래를 부른다

부엌 아궁이에 장작을 지피던
어머니는 앞마당에 나와
까치를 반갑게 맞이한다
도시에 일하러 간
형이 돌아올 거라고
미소 지으며 혼잣말을 한다

참나무가 빼곡한 서산으로
붉은 해가 홍시처럼 떨어진다
까마귀가 감나무 가지를 찾아와

소식을 전한다며 소릴 지른다

아랫목에 누워 있던
할머니는 일어나 방문을 열고
두 팔을 높이 들어
까마귀를 멀리 쫓아 보낸다
친척 중에 누군가 세상을 떠나나
주름진 얼굴에 근심이 가득하다

하늘을 날아다니다
나뭇가지나 초가지붕에 앉은 새들은
기쁘면 재잘거리며 노래하고
슬프면 불안한 듯 울기도 하여
흥겹게 노래하면 길조이며
불안하게 울면 흉조일 거라고
소년도 전해 내려오는 이야기를 믿는다

6. 삶과 죽음 사이

(아프리카 사바나 초원에서
굵은 빗줄기가 사선을 그을 때
어미 누가 아기를 출산하면
눈에 보이지 않더라도
포식자는 냄새를 맡고 기회를 엿본다)

단비가 멈추며
햇빛이 축복처럼 쏟아지는 날
어미는 아기를 풀숲에 숨기고
무리에 합류하여 풀을 뜯는다
운이 나쁜 불쌍한 어린 누는
처음 보는 포식자에게 잡히고
운이 좋은 어린 누는 살아남아
어미의 젖을 빨며 자라난다

초원을 뛰어다니며
생명의 기쁨을 만끽하다
지축을 흔드는
대이동의 대열에 섞여
어미 곁에서 아기 누는 달리고

얼룩말도 옆에서 달린다

머나먼 평원을 달려온 행렬은
마라 강 앞에서 멈추고
악마 같은 악어를 응시하다
내리막길에서 삶의 길목을 찾아
누와 얼룩말은 강물로 일제히 뛰어든다

맞은편 오르막길에 오르면
먹이가 풍부한 초원에 닿지만
수십만 마리의 누 떼가 달려든
삶의 통로는 험하고 비좁아서
밀치고 밟아 주검이 강둑처럼 쌓인다

7. 살아 돌아온 사람들

(죽다 살아 돌아온
신비한 사람들이 있다고 한다
죽음 저 편 저승길에서
두 개의 출입문을 보았다며
한 쪽은 천국으로 오르는 계단이며
다른 쪽은 지옥의 입구라고 말하다)

이승인 지상에서
거짓과 폭력과 탐욕으로
선과 악이 끊임없이 충돌하면
살인과 전쟁이 끊이지 않는다

이웃을 괴롭히며
악마처럼 악행을 저지르면
끝 모를 절벽에서
불바다 지옥으로 떨어진다
*
이승인 지상에서
양심과 사랑으로
선이 악을 물리쳐 밝게 빛나면

평화의 노래가 들려온다

이웃을 사랑하며
기쁜 마음으로 선행을 베풀면
무지개처럼 빛나는 계단을 밟으며
영원한 천국으로 오른다

죽음 너머 신비한 세계를
확인하거나 증명할 순 없지만
못된 악을 저지르면
불바다 지옥에 떨어질 거고
참된 선을 실천하면
영원한 천국에 오를 거라는 이야기는
옳을 거라고 그들은 믿는다

8. 저승사자

(병마에 시달리며
추운 겨울밤은 불안하다
굵은 눈발이 흩날릴 때
검은 도포자락을 휘저으며
어둠을 뚫고 어디선가 다가온
저승사자가 왼팔을 잡아당긴다)

어릴 때 많이 듣고
소설책에도 등장하고
영상에서도 자주 본 저승사자
갈 길이 멀고 날도 밝아오니
저승으로 어서 가자고 재촉한다

잘못 찾아왔다고
몸부림치며 거부하는데
자물쇠처럼 굳게 잠긴 듯한
무거운 입은 생각처럼 열리지 않는다

육십 고개도 넘지 못하고
저승으로 가면

일을 마치지 못하고 떠난다며
저승사자의 차가운 손을 뿌리친다

굵은 눈발은 멈추지 않고
저승사자가 재촉하여
꿈일 거라며 소리 지르다
잠에서 깨어나면
이마에 식은땀이 흐른다

9. 지상에도 있다

(저승에 지옥과 천국이 있듯이
이승에도 지옥과 천국은 있다)

거짓과 폭력이 난무하면
혼란스러운 지상에서
웃음이 사라지고
울음이 하늘과 땅을 흔들며
지옥은 눈앞에 있다

악마의 유혹에 넘어가
전쟁을 일으키면
강물엔 피와 눈물이 흐르고
폐허의 거리에서 헤매며
지상은 지옥이나 다름없다
*
가족과 이웃을 사랑하면
평화로운 지상에서
웃음이 피어나고
기쁨이 하늘과 땅에 넘치며
천국은 가슴에 있다

악마의 유혹을 차단하여
전쟁을 끝내면
강물엔 안식과 평화가 흐르고
활기찬 거리를 걸으며
지상은 천국에 다가선다

Ⅱ. 달밤에 묻는다

1. 영혼

지상에서
영혼은 순수하여
보이지 않아도
존엄하고 고귀하다
영혼은 샘처럼 맑아
죄악에 물들지 않고
영혼은 순결하여
죄악에 다가가지 않으며
육체와 더불어 고결하다

*

천상에서
영혼은 투명하여
볼 수는 없어도
자유롭고 평화롭다
영혼은 별처럼 빛나
신비롭고 고요하며
영혼은 온화하여
편안하게 사색에 잠기고
육체를 떠나며 영원하다

2. 성수대교

가을이 깊어가며
푸른 하늘은 높아가고
바쁜 출근길 차량 행렬은
육중한 성수대교 아래
깊고 푸른 한강처럼 흐른다

악몽을 꾸는지
상판이 모래성처럼 무너지며
달리던 버스가 허공을 난다
하늘이 무너지고 땅이 꺼지는 듯
다리도 비명을 지른다

장밋빛 태양을 바라보며
정열에 빛나는 눈동자 가득
강물 위를 스치며
물새는 날렵하게 날아오르는데
버스는 낙엽처럼 떨어진다

시간은 초조하게 흐르고
하늘이 아득히 멀어지며

꿈도 아닌데 꿈결처럼
수면을 가르며
청춘은 푸른 강물에 잠긴다

물안개 걷히며
반짝이는 은빛 물결처럼
찬란하게 빛나던 젊은 날의 꿈도
지상에서 나래 펴지 못하고
머나먼 하늘나라로 떠난다

* 1994년 10월 21일 오전 7시 40분경 성수대교
 일부 구간이 무너져 내렸다.

3. 비극을 넘어서

잊을 수 없는
삼십일 년 전 그날
희망에 부풀어
하고 싶은 일도 많고
보고 싶은 세상도 많았지만
작별 인사도 없이
꿈결처럼 천상으로 떠나오다

한은 많지만
원망도 버리고
증오도 사라지고
다만 눈물겨운 사랑은 남아서
지상의 가족을 위하여
밝고 맑은 천상에서
날마다 기도한다

밤낮으로
가족이 슬퍼한다고
지상으로 돌아갈 수도 없으니
눈물을 그치길 바란다

비극을 넘어서
미워하지 않으며
천상에서 눈빛은 촉촉이 빛난다

작은 소망이 있다면
어린 시절부터 이루고 싶던
소박하게 빛나던 꿈의 일부라도
지상에서 이루어지길 바라며
세상이 평화롭고
재난과 참사가 없길 기도하며
천상에서 다시 만나길 기원한다

4. 세월호

남쪽 바다 멀리
꿈꾸는 제주도를 향하여
세월호가 인천항을 출발한다
청춘은 하늘을 끌어안고
바닷바람을 가슴 깊이 들이마신다

남해 어디쯤인가
삶의 종착역이 여기 바다인가
어두운 그림자가 다가온다
이름도 모르는
맹골수도 해상에서
세월호가 바다 속으로 가라앉는다

움직이지 않고
선실에 둘러앉아 있지만
바닷물은 선체를 짓누른다
탈출구는 빗장 걸린 듯 막혀
밝은 하늘은 사라지고
칠흑 같은 어둠이 몸을 감싼다

구조의 소리는 들리지 않고
선실을 가득 채우는
차가운 바닷물을 들이킨다
살고 싶다는
살아야 한다는 의지는 사라지고
눈물에 젖은 눈을 감는다

시간이 흘러도
깜깜한 밤만 이어지는
가늠할 수조차 없는 1073일
흙이 아닌 차가운 바닷물에 잠겨
살아도 살아 있지 못하고
죽어도 죽지 못하여
고달픈 영혼은 흐느낀다

* 2014년 4월 16일 오전 8시 49분경 세월호는 맹골수도 해상에서 침몰했다. 그리고 1073일이 지나서 선체는 인양되었다.

5. 팽목항의 눈물

봄이 무르익는 4월 중순
어이없는 사고라서
무슨 말을 할 수 있겠소

마른 눈물까지 쏟아지고
말은 나오지 않아
무릎이 꺾이며 땅만 두드렸소

즐거운 여행이 아니고
저 하늘로 떠나는 순간
얼마나 많은 눈물을 흘렸겠소

누구나 가는 길이지만
가족을 만나지 못하고
떠나는 저승길이 얼마나 두려웠겠소

팽목항에 떠도는 슬픔
끝이 없는 듯 멈추지 않아
영혼도 수중에서 흐느끼고 있소

천 일이 넘도록 쏟아진 눈물
팽목항을 적시고 남아서
저 멀리 수평선으로 흘러가고 있소

진달래가 피고 지는 봄날
가슴은 숯덩이처럼 타며
목이 쉬도록 영혼을 부르고 있소

6. 이태원

할로윈 데이를 이틀 앞둔 가을밤
해밀톤 호텔 부근 세계 음식거리
젊은 인파의 발걸음처럼
활기찬 삶의 소리가 흘러넘친다

가을이 깊어가며
외국인도 찾아오는 거리에
십대 아이부터 오십대 어른까지
정감 어린 대화를 이어간다

우정과 사랑이 깊어가는 거리에서
병목 현상으로 발걸음을 멈춘
저주의 골목 내리막길
앞에서 누군가 넘어진다

꿈인지, 생시인지
밀치고 쓰러지고 밟히며
아우성이 허공으로 치솟아도
뒤쪽 대열은 끊임없이 밀려온다

몸과 몸이 쌓이며
삶의 공간은 좁디좁아서
이태원의 무거운 가을밤
슬픈 어둠이 짓누른다

숨은 막혀서
소리칠 수도 없고
가족의 얼굴을 떠올리며
아득히 머나먼 밤하늘로 오른다

* 2022. 10. 29 오후 10시 15분경 이태원 골목에서 비극적인 압사 사고가 발생하였다.

7. 슬픈 바람이 불어오면

낙엽이 지는
이태원 골목길로
가을바람이 지나가면
그리운 얼굴이 별처럼 떠오른다

돌아오고 싶어도
돌아오지 못하고
돌아올 수도 없지만
밤마다 꿈속에서 이름을 불러본다

참으려 해도
눈물은 흘러내리며
골목을 떠도는 영혼을 불러
사랑한다는 말을 전하고 싶다
*
황혼이 지는
이태원 골목길로
슬픈 바람이 불어오면
창백한 얼굴이 달처럼 떠오른다

세월이 흘러도
사무치게 그리워서
발걸음을 떼기 힘들고
고갤 젖혀 하늘을 올려다본다

잊으려 해도
슬픔을 가눌 길 없어
천상에 오른 영혼을 부르며
보고 싶다는 말을 전하고 싶다

8. 무안공항

설레는 마음은
윤회의 나라를 떠나
기러기처럼 하늘을 날며
정든 고향 마을 어귀에 닿는다

꿈같은 해외여행
선물을 가득 안고
그리운 가족을 만나면
바쁜 일상으로 돌아간다

어둠을 뚫고
태양이 솟아오르면
깊은 잠에서 깨어난
만물이 일어나서 반긴다

장시간 숨차게
하늘을 날아온 여객기
가창오리와 부딪혀
날개를 잃어 추락한다

울부짖는 듯 굉음을 내며
활주로를 쏜살같이 달려가는
죽음을 무릅쓴 동체 착륙의 끝에서
악몽처럼 세상이 무너져 내린다

세상의 끝이 아니길 바라며
눈을 감고 기도하지만
가족을 다시 만나지 못하고
영혼은 천상으로 오른다

* 2024. 12. 29 오전 9시 3분경 무한공항에서 동체 착륙하던 여객기가 둔덕에 충돌하며 폭발하여 많은 인명을 잃는 사고가 발생하였다.

9. 돌아오지 못한 사람들

한 해가 저물어가는
갑진 년 12월 끝자락에서
거대한 폭발음이 울려 퍼지고
지상은 눈물로 얼룩지다

기뻐 웃으며
돌아오는 날이건만
돌아오지 못한 사람들
영혼도 슬퍼서 눈물을 흘린다

초등학교에
입학 예정인 아이
춤추며 노래하던 소녀
집을 눈앞에 두고 떠나다

여행을 마쳤지만
가족을 만나지 못하여
통곡 소리는 하늘을 울리며
지상은 무거운 슬픔에 젖는다

가족 같았던 반려견
돌아올 수 없는
가족을 기다리며
정처 없이 거리를 헤맨다

지상을 밟지 못하고
천상에 오른 슬픈 영혼을 위하여
눈물을 거두어
사랑과 평안의 기도를 올린다

10. 여덟 살 소녀

어여쁜 소녀
아이브를 좋아하던
여덟 살 소녀
봄이면 피어오르는 꽃처럼
활짝 피어나지 못하고
먼 하늘나라로 떠나다

공부도 하지 못하고
노래도 부르지 못하고
아름다운 추억도 쌓지 못하고
사랑하는 부모님을 만나
작별 인사도 하지 못하고
눈물 흘리며 떠나다

귀여운 소녀
예쁜 꿈도 많아
춤추는 것을 좋아하던 소녀
눈에 넣어도 아프지 않는데
겨울날 차가운 바닥에 눕혀
아픈 몸으로 떠나다

지금이라도 이름을 부르면
대답하며 달려올 것 같은 소녀
내일이면 다시 만날
친구들을 보지 못하고
부모님의 손도 잡지 못하고
먼 하늘나라로 떠나다

* 2025년 2월 10일 대전 모 초등학교 여덟 살 소녀가 우울증 환자 교사에 의해 저 세상으로 떠나다.

11. 달밤에 묻는다

정월 보름 달밤에
하늘을 바라보며 묻는다
며칠 전 지상을 떠난
불쌍한 소녀의 영혼은
천상에 무사히 도착하였겠지요

중천에 떠있는 보름달
소녀의 얼굴처럼 밝은데
시베리아 찬바람이 불어와
해맑은 소녀의 영혼은
가족을 그리워하겠지요

정월 보름 달밤에
하늘을 바라보며 묻는다
지상을 떠난 소녀가
천상에서는 아프지 않으며
친구들을 보고 싶어 하겠지요

여덟 살 짧은 삶의 길에서
검은 악마의 손을 뿌리치며

가족을 무수히 불렀을
가엾은 소녀의 영혼은
천상에서 외롭지 않겠지요

천상에서
꽃길을 걸으며
좋아하는 춤도 추고
노래도 부르고
마음껏 뛰놀고 있겠지요

12. 한민족의 함성

3월의 파고다에서
한민족의 함성이 들려온다
4월의 아우내 장터에서
한민족의 절규가 울려 퍼진다
겁먹은 일제 경찰이 날뛰며
칼을 휘두른다

육신이 부서지고 깨어지더라도
절대 포기할 수 없으며
강산이 붉은 피에 젖더라도
죽음을 두려워하지 않고
약탈자의 만행에 맞서
대한 독립을 외친다
*
3월의 파고다에서
태극기의 물결이 밀려온다
4월의 아우내 장터에서
대한의 노래가 울려 퍼진다
비겁한 일제 경찰이 날뛰며
총을 쏘아댄다

탄압에 굴복하지 않고
양심에 한 점 부끄럽지 아니하고
정의가 하늘과 땅에서 빛나기 바라며
들개 같은 폭력과 독사 같은 고문이
육신을 괴롭힌다 하여도
고결한 영혼은 꺾이지 않는다

* 1919.4.1 유관순 열사는 아우내 독립만세 시위 주도 후 일경에 투옥되어 모진 고문을 받으며 항거하다 18세의 꽃다운 나이에 옥사하였다.

13. 광복을 위하여

3월의 파고다에서
한민족의 혼이 외친다
4월의 아우내 장터에서
한민족의 얼이 고함친다

작은 손이 흔드는 무기는
바람을 가르는 칼도 아니다
연기를 내뿜는 총도 아니다
나비처럼 펄럭이는 태극기다
야욕과 침략에 물들어
이성은 마비되고
양심이라곤 하나도 없는
일제가 총과 칼을 휘둘러도
대한의 하늘과 땅에선
불의를 무너뜨리고
정의가 바로 서야 한다
*
3월의 파고다에서
한민족의 꿈이 열린다
4월의 아우내 장터에서

한민족의 소망이 다가온다

정열과 용기는 한반도에 넘쳐
제국주의 만행을 무너뜨린다
광복을 위하여
이 한 몸 아낌없이 바친다
청춘을 불사르며
마지막 숨이 멈출 때까지
끓는 피를 뿌려
조국의 제단에 바친다
젊고 굳센 영혼은
천상에 올라 미소를 지으며
조국의 광복을 그린다

14. 한반도는 통곡한다

한민족의 혼백이 숨쉬는
남북으로 갈라진 슬픈 한반도
살인병기가 고요를 깨뜨리다

모진 북풍을 몰고 와선
북쪽으로 쫓기는 악마 다섯
외딴 초가집에 들이닥치다

나인 어리지만
'나는 공산당이 싫어요.'
소년은 강하게 부르짖는다

북에서 훈련 받은
살인을 일삼는 무장공비
평화로운 가정을 짓밟다

저항도 할 수 없는
소년, 동생, 어머니
공비의 만행에 목숨을 잃다

그대들은 악마인가
소년과 모녀를 학살하며
위대한 영웅이라도 되었는가

공비라는 이름이 개탄스러워
눈 내리는 한반도는 통곡한다
그대들은 살인면허라도 가졌는가

* 1968. 12. 9 밤 강원도 평창군 노동리 외딴 초가집에 무장공비 잔당 5명이 침입하여 9살 이승복 군과 가족을 무자비하게 살해하였다.

15. 어찌 잊으리오

붉은 광기가 몰아치던 날
어찌 잊으리오
세월 속에 묻히지 않으리다
누군가 의심을 품고
억지로 지우려 하여도
악행은 지워지지 않으리다
수억 년이 흐른다 하여도
소년은 불사조로 살아남으리다

지옥에 떨어진 악마 다섯
어찌 잊으리오
잘못을 깨닫고 참회해야 하리다
눈 뜨고 볼 수 없는
인간으로서 할 수 없는 만행
무릎을 수없이 꿇어야 하리다
못나고 어리석은 망나니들!
그 이름이 북한 무장공비이리다

한반도에 흘러내린 피
어찌 잊으리오

자유 대한민국을 빛내리다
평화롭게 살던 초가집
악마가 짓밟아도
두려워하지 않고 소리 높여 외쳤으니
엄마와 동생 손잡고
소년은 천상에서 미소지으리다

16. 코레아 우라

한민족의 이름으로
침략의 원흉이며 평화의 파괴자인
그대를 저 세상으로 보냈네
금세기에 몰아친 광풍에 맞서고
정의를 바로 세우기 위해 일어섰네

하얼빈 역에서
내가 쏜 총탄에 맞아
숨이 멎었다고 서글퍼하지 말게나
그대를 미워하거나 원망해서가 아니라
침략 야욕을 저지하기 위해서라네

문명이 맞붙어
변하지 않는 진리가 있다면
칼로 일어서면 칼로 쓰러지며
총으로 흥하면 총으로 망하므로
슬퍼하거나 노여워하지 않기 바라네

러시아의 바람을 뚫고
브라우니 권총 탄환이 날아가

그대 가슴만을 뚫은 것이 아니네
제국주의를 포기하기 바라며
동양평화와 후손을 위해서라네

그대를 쓰러뜨리고
나는 '코레아 우라'라고 외쳤네
조국을 위하여 이 한 몸 바치며
민족의 적을 처단하였기에
두려움도 없고 후회도 하지 않았네

* 안중근 의사는 1909.10.26 하얼빈 역에서 대한 침략의 원흉이며 동양평화의 파괴자인 이등방문을 브라우닝 권총으로 처단하였다.
* 코레아 우라 : 대한 만세

17. 악연은 버리고

구름 떠돌고 바람 거센
지상은 탐욕과 전쟁으로 들끓지만
천상은 고요하며 평화롭네
지상에서의 악연은 버리고
천상에서 다시 만나기 바라네

약소국에서 태어나
내가 걸어온 고난의 길과
그대가 달려온 불의의 길은 달라서
부득이 맞서 싸울 운명이었기에
그대는 나의 총에 맞고 쓰러졌네

바람 앞에 등잔불 같은
나라와 백성을 구하려는 마음과
침략과 약탈을 꾀하는 마음은 달라서
약자의 슬픔은 하늘에 닿고
강자의 야욕은 땅바닥을 짓밟았네

약육강식이라고 강변하지만
동물과 달리 인간 세상에선

약자라고 강자에게 당하지만 않네
강자가 폭력을 휘두른다면
약자는 저항할 수밖에 없네

탐욕과 야욕과 불의를 씻어내
동양평화를 기원하기 바라며
저승에서 다시 만난다면
대한의 군인으로서
정의와 평화를 논할 수 있네

18. 6.25 전쟁

아시아의 동쪽
고요한 아침의 나라
일요일 새벽을 깨트리며
악마가 탐욕의 불을 던지다

거짓말을 세계에 알리고
소련제 탱크로 밀어붙여
38선을 뚫고 서울을 장악하며
한민족의 가슴을 짓밟다

한강이 울고
낙동강이 울부짖으며
어린이가 거리에서 헤매고
어른이 산비탈에서 쓰러지다

민주주의가 사느냐
공산주의가 죽느냐
한반도에 이념의 깃대를 꽂아
무수한 주검이 산야를 덮다

포연이 휩쓴 한반도
가족은 헤어져 소식을 모르며
부모를 잃은 아이들
주검과 폐허의 거리를 헤매다

악마 셋이 오판하여
무모하게 일으킨 6.25 전쟁
한반도를 지키는 영혼은 외치니
증오는 사라지고 사랑은 빛나리다

* 1950.6.25 일요일 새벽 4시경 북한이 북위 38도선 전역에 걸쳐 선전포고 없이 기습 남침하였다.

19. 그들은 전범(戰犯)이다

평양을 휘젓는 김일성
모스크바에 웅크린 스탈린
북경에 숨은 모택동
그들은 교활한 전범이다

귓속말을 주고받은 악마들
사나운 눈을 번뜩이고
입가에 미소를 흘리며
고요한 새벽을 무너뜨리다

탐욕에 눈이 멀어
동족을 전장으로 내몰고
인간을 죽음으로 이끌며
저주의 샴페인을 터트리다

무더운 여름이 가고
살을 에는 겨울이 가도
사랑과 평화의 빛을 가리며
대지는 증오의 피로 물들다

육신과 육신이 부딪히고
영혼과 영혼이 마주치며
고귀한 생명이 수없이 쓰러져
한민족이 전율하며 흐느끼다

미라로 누운 악마들
입을 다물어 반성하지 않는다
한반도의 슬픈 영혼을 위하여
하늘에서 전범을 심판하리다

Ⅲ. 지상에서 천상으로

1. 4계(四界)

영혼은 이승에서 머물다
육신을 남기고 저승으로 떠나며
지옥으로 떨어지느냐,
천국으로 오르느냐 갈림길에 선다

제1계
불바다 지옥에선
공포와 고통의 숨소리가 들려온다

제2계
불완전한 지상에선
평화와 전쟁이 병존하며 불안하다

제3계
밝고 맑은 천상에선
안식과 평화의 노래가 들려온다

제4계
완전한 천국에선
평온하며 영원히 축복을 누린다

2. 거짓말

에덴동산에서 시작된
역사가 오래된 거짓말
인류에게 제1의 죄악이다

불안한 지상에선
간신은 거짓으로 왕을 속이고
백성의 목과 허리띠를 조른다

거짓의 혀는 칼보다 날카롭다
충신을 역적으로 몰아붙이고
견고한 나라까지 쓰러뜨린다

거짓말은 재미를 붙일수록
죄악이 눈덩이처럼 커지며
영혼은 물론 육신까지 썩게 한다

개인과 집단과 국가까지
거짓말을 전가의 보도처럼 사용하면
지상은 대혼란에 빠진다

거짓을 교묘하게 엮는 사기꾼
재물을 한 순간에 낚아채며
AI 시대 정점에 오른다

거짓과 사기가 넘치면
지상에는 불신의 잡초가 무성하여
진실이란 과일을 찾을 수 없다

악의 길로 나서며
거짓말을 하거나 사기를 친다면
뜨거운 지옥으로 떨어져야 한다

3. 폭력

폭력은 폭발물처럼 강력하여
자유와 평화를 무너뜨린다
폭력이 더하여 살인을 하고
살인이 더하여 전쟁으로 이어진다

머나먼 옛날이지만
카인은 아벨을 살해하였다
타인과 동족까지 해치는
살인은 제2의 죄악이다

약육강식의 법칙을 고수하는
전쟁은 폭력의 최고봉이다
약탈과 정복이라는 이름으로
산과 들을 달리며 짓밟는다

알렉산더가 평원을 달리고
징기스칸은 초원을 짓밟고
나폴레옹과 히틀러가 외치며
인간을 불행한 죽음으로 내몰다

폭력이 동반한
불의와 약탈이 판치면
공포와 절망은 최고조에 달하고
사랑과 평화의 꽃은 찾을 수 없다

폭력을 키우고
살인을 저지르며
전쟁을 일삼는다면
천둥치는 지옥으로 떨어져야 한다

4. 양심

선악을 판단하는
양심이 재판관처럼 존재한다
양심을 무시하면 악이며
양심이 바로 서면 선이다

양심은 보이지 않더라도
재앙 같은 원자폭탄보다 강력하다
잘못을 깨닫고 사과하며
죄악을 뉘우치도록 한다

양심이 조금이라도 있다면
폭력의 날개는 떨어져 추락한다
거짓을 차단하거나 배격하여
진실의 등불을 밝히도록 한다

양심을 버리면
거짓이나 폭력은 끝이 없다
양심이 사라진다면
비극과 파멸의 길이 열린다

양심이 빛나면
진실의 바다는 고요하여
정의의 깃발을 휘날리며
역사는 찬란하게 순항한다

양심이 눈을 뜨고
양심을 버리지 않으며
선의 길을 걷는다면
밝고 맑은 천상에 오르리다

5. 사랑

고대 도시 폼페이에서
베스비오 화산이 폭발하며
뜨거운 용암이 흘러와
어머니는 아이를 끌어안는다

심장에서 뜨거운 피가 흘러
사랑은 죽음보다 강하다
가족을 사랑하지 않는다면
인류는 멸종했을지도 모른다

사랑이 무언가를 바란다면
진정한 사랑이 아니다
자신을 희생하는 숭고한 사랑은
천 년을 넘어서 영원히 빛난다

어린 자식을 돌보는
부모의 사랑이 없다면
냉소적 인간의 후예가 넘쳐
지상은 차갑고 불안하다

메마르고 거친 지상에
사랑의 씨앗을 뿌리면
악은 용서를 빌어 뉘우치고
평화의 종소리는 울려퍼진다

가족을 사랑하고
이웃을 사랑하고
죽음도 불사한 사랑은
영원한 천국에 오르리다

6. 북망산에서

짧지도 않으나
길지도 않은
백 년도 살지 못하며
육신이 고이 잠드는
북망산은 멀고도 가깝다

살다 보면
세월이 덧없어
슬픔에 젖는 눈빛
안개는 흐릿하게 피어오르며
북망산은 멀리서 말이 없다

지상에서
빈손으로 태어나
빈손으로 돌아가는
인생은 힘겹고 고달프며
북망산은 가깝고도 멀다

강산을 떠돌아
외로워 눈물을 닦다

힘차게 광야를 달리지만
저녁노을은 눈시울을 적시어
황혼의 발걸음은 무겁다

어두운 눈을 감아
사랑하는 가족과 헤어져
머나먼 길을 떠나며
지친 육신은 북망산에 눕고
영혼은 천상으로 오른다

7. 지옥에 누가 있는가

어릴 적 꿈에서 본
어두운 강 건너
불의 나라 지옥에서
뒤늦게 후회하며
누가 신음하고 있는가

검붉게 타오르는
불길 속에서
중얼거리는 거짓말쟁이
눈을 치켜뜬 사기꾼
뜨겁다고 아우성치고 있다

빨갛게 끓어오르는
화염 속에서
눈을 부릅뜬 살인마
피를 뿌리는 전쟁광
뜨겁다고 울부짖고 있다

지상에서 저지른
죄악만큼 고통스러워

피눈물을 쏟아내며
알몸은 뜨겁게 타오르고
처절한 신음 소리가 메아리친다

뜨거운 불바다에서
거대한 지옥문이 열리며
차가운 음성이 메아리친다
그대들은 회개하라!
그대들은 참회하라!

8. 천국에 누가 있는가

어릴 적 꿈에서 본
머나먼 하늘나라
이름 모를 꽃이 피는
고요한 천국에서
누가 축복을 누리는가

우거진 삼림을 지나
새들이 즐거이 지저귀는
끝이 없는 꽃길에서
어린이가 뛰놀며
즐겁게 노래 부르고 있다

햇살이 빛나며
이슬이 반짝이는 숲길에서
자상한 아버지가
광활한 우주를 바라보며
사색에 잠겨 있다

꽃이 피어오르는
화려한 정원에서

인자한 어머니가
지상을 내려다보며
미소 짓고 있다

무지개 떠오르는
웅장한 하늘이 열리며
맑고 고운 음성이 들려온다
가족을 사랑하라!
이웃을 사랑하라!

9. 지상에서 천상으로

지상에는
선이 있어 아름답지만
악이 있어 아름답지 않기도 하다
어린이는 순수하고
청춘은 정열에 빛나지만
황혼이 다가오며
육신은 떨어진 꽃잎처럼 침대에 눕는다
삶을 마감하면서
기쁘거나 슬프거나
즐겁거나 피로웠던 날들이
눈을 감으며 떠오르고
길지 않은 짧은 인생의 종점에서
후회도 많고 아쉬움도 남는다
한도 많고 탈도 많은 삶의 끝에서
꿈을 접고 미련을 버리며
영혼은 정든 지상을 떠난다
*
천상에서
밝고 맑은 영혼은
진실과 사랑이 넘치며

악은 발을 들이지 못한다
영혼은 별처럼 빛나며
자유와 안식을 누린다
꿈에서 보았던
꽃이 피는 천상에서
다시 보고 싶은
가족을 그리며
지상의 평화를 기원하고
사랑이 가득하길 기도한다
뛰놀고 일하고 노래하여
가슴 뛰어 즐거웠던
지난날을 회상하며
천상에서 화려한 꿈을 꾼다

지상에서 천상으로

| 초판 1쇄 인쇄 | 2025년 9월 11일 |
| 초판 1쇄 발행 | 2025년 9월 11일 |

지은이 : 김영호
펴낸이 : 정연태
편집·디자인 : 정연태
펴낸곳 : 도서출판 정문사
〈등록 제25100-2002-7호〉
충북 청주시 상당구 상당로144번길 28
043) 223-2389
H.P : 010-2371-2389

김영호 2025. Printed in Cheongju, Korea
ISBN 978-89-93892-95-6